LA
MUSE CREUSOISE

ESSAIS EN PATOIS MARCHOIS

par

M. JEAN PETIT

Ouvrier tailleur de pierres

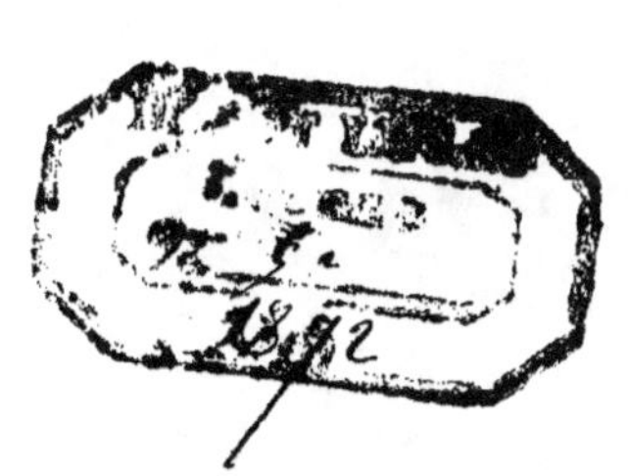

St-MÉDARD (Creuse) — 1872

Guéret, imprimerie de Mme v^e Betoulle.

PREIFAÇO

Mous cherreix cotris, mous vegis, amis et couchitoyens, iou vous prège de m'excusâ chi iou zèi l'imprudinso de vous présintâ caoucas gnièchioyas que iou zèi fait in m'omusant.

Vous sabeez que tout le mounde ne pot pas être instruit, iou vous dirèi que quand zèro joune (iou m'en rappelle tout commo ce que iou vous disc) disio bèi moun pore defioun paè (que le boun Diou ayo soun âmo) :

« Vous in prège, fasas me nâ à l'écolo. » Mâ moun paè que n'éro pas trop à sous affèirés (ou l'éro di l'ous detteix, coumm'in dit, d'enpeu la douas oureillas) me reipoundè : « Que veux-tu que iou fazo ; le luveâ iou zèi besoin de te pâ pinsâ moun bèitiaou, le beaou timps, faou que te gardéi las vachâs, lous matis pèi lous séèrs, pèi le corps d'ou joû, faou que te n'agneix labourà ; » alors tout le timps èro préi, de manièro que por tout'instruchiou, iou zànéi, à treize ans, doux meix à l'écolo, pèi a quatorze ans, lèi anéi un méi, pèi à vingt ans, lèi anéi quatre méix, véi qui touto l'instruchiou que zèi éu.

L'éi bou de vous dire que moun paè m'oyo coummença d'apprindre à lire di l'ou chillabier et di las houras.

Enfin, po vous in definir, iou n'èi jamèi counegu

ma grammairo, pas mèi que lo proumièro de mas cha-
misas, malgré tout o quo mèi vingu caouquèis eidès me
troutâ di la tièto ; iou vouillo l'ous publiâ, mâ coummo iou
ne counéisse pas moun français, me séi dit : « iou vaou
zou borbouillâ in potoès, tant piés por coutéix que zou
soubrount pas lire et que zou counprindrount pas, ch'i zous
volount pas i zous léissorount, chi degu n'en vaou, zou
gardarèi tout por iou, quéi pas pus deffechile que quo,
mâ vous chereiz bien eisés de veire mas bobioulas po vous
fèire rire, car iou vous proumette de vous fèire rire cent
ans apriès que cherèi mouor.

Enfin po vous in definir, iou ne sèi pas cacho-diable,
ne porte pas l'èigo punèizo, z'èime à dire ce que iou
pense, ne fodro pas m'en vouléi, quand vous m'aureiz
intindu, vous n'in jugaréiz d'apriès vous-méimo ce que
vous n'in pensareiz. Vous in dirèi pas loung po coum-
mençâ mâ pus tard, chi quo vous counvè, vous in dirèi
be mèi, apriès quo zéissayaréi de vous parlâ français ; chi
pode me fèire counprindre quéi tout ce que iou demande,
coumm'in dit, quéi mâ in fourgeant qu'in devè fourge-
roun, et me, à fouorso de barbouillâ, che poudio m'apprindre à écrire, quéi tout ce que iou désiroio.

Iou va ou vous dire, pa coummença, mous counseilleix,
vous l'ous segreiz che vous vouleez, quo vous regardio,
tant piés por vous ou tant miéx, selon ce que vous m'in
pensaréiz.

Mous Counselléix. (Mes conseils).

Air : **d'Henriette et Damon.**

Vegnaz par m'éicoutâ filletas et gorçous
Chou vouleez profitâ de mas bounnas léiçous
Vous tous, bous travailleurs d'Aubussou et d'Auzanco ,
Braveix cultivateurs, procuraz l'aboundanço.

Iou ne vous dirèi pas de grec, ni de lati,
Vous parlarèi potoès, counneisseez codati,
Quéi le lingage enfin que m'apprenguè ma méire
Iou ne séi pas savint, que vouleez-vous m'in féire.

Mâ qu'à néi pas tourjou de caou grands ovoucats
Que parlount bien français, qu'in vous fèi tant de cas
Qu'éicrissount coumm'in dit na grando parparasso
Tout o quiès beaoux diseurs, prêichount po u besaço.

Marchaz l'ous consultâ, sount pas trop maladréits
Souvent vous aouyâz tort, vous bailloyount be dréit
Mâ pus tard, crezâz me, qua chero aoutro chaouso
Mengeorount le fricot, vous payareiz la saouço.

Mous amis, crezaz-me, par bien l'ous attrapâ
Le moins que vous pourreiz, ne l'ous consulteiz pas
Vaou mieux vous arringeâ, intre vous à l'amiable,
Qua chiro moins coûteux et bien pus agriable.

Le meillur d'ous proucès, mous amis, ne vaou re ;
Souvent vous gagayâz, vous peadreiz tourjou be
In m'o be bien grugea d'enpeu que séi moun méitre
Pordounne le badaou, iou méprèse le trèitre.

Quand aoux occoporeurs que volount tout par is,
Zou n'enpororount pas, crezâz-me, mous amis,
Quand le moument vindro, forount be u pregièro
Mâ foudro tous partî pa la riv' étrangièro.

Us fourtunas, us béix, foudro z'abandounnâ,
Zaourount beaou murmurâ et tant se chagrinâ
La mouor n'éicouto re, l'a féi lo sourd' oureillo
La doumpto l'éléphant, coummo la paobro beillo.

Le reche et l'indigint, qu'in fase attinchiou
La mouor n'aouro par is pas de distinchiou
Qu'in metto l'opulent di no toumbo de mâbre
Le paoubre dourmiro aouchi bien sous un âbre.

Ou s'en iro countint, ou regrettoro pas
Sous tresors et sous beix, pusqu'ou n'in oyo pas
L'ous recheix regrettcount us beix et us méitrèssas
Mà faou tout zou quittâ, zoun beaou sarrâ las fessas.

Gn'en o be d'ous bigouots que vaount se counfessà
Po d'haounneèteix chrétiens, crezount be de passâ
Mâ de quete moumint, Diou levoro le masque
D'ou rechè, d'ou bargier, tout coummo d'ou mounarque.

Touto l'ous liberas et l'ous De Profundis
Ne l'ous forount pas nâ tout dréit in Paradis
Fasan notre devéi, in passant di que mounde
Qu'éi le meillû mouyen, iou vous in à réipounde.

Gn'o de maouvas vegis qu'occoporoyount tout
Que ne voudriount léissâ ous aoutréix re d'aoutout
Z'arrachayount las brouas, déiplaçoyount las bouornas
Le Diable véi fenâ tout o quo béi sas couornas.

Gn'o d'aoutreix maouvas gueux ; voudriount tout attrapâ
Le beaou sexe par is, lous aoutreix n'oyount pas
Le boun Diou puniro tout o quello canaillo
Ou l'ous foro brûlâ tout coummo de la paillo.

Masdamas et Mouchus que veneez m'éicoutâ
Che dise béi caouchu las bounnas veritas
N'intinde pas éichi, vous féire aoucun reproche
Caou que chiro vremoux que se méimo se moche.

Las Élecchious (Les Élections).

Air connu.

—

Vous sabeez qu'in toutas sozous
Quoè que l'an dise et que l'an fasso

Le pus fouor o tourjou rosou
Au pus faible ou féi féire plasso
Quand véi veignî las élecchious
Vous véiréiz quellas grossas tiétas
Se dire de tous lous partis
Par tâchâ de nous embéitî.   (*bis.*)

Paysans, vous foudro, quéita véi,
Tous vous rendre à la coummuno,
Léi bien féire votre devéi ;
Naz votâ pus touôt doux couops qu'uno,
N'éicoutéiz pas qu'ieix beeaoux diseurs,
Ne vous fieiz pus o us paraoulas ;
Churtout, fasâs attenchiou
Votéiz pas pa l'ambichiou.   (*bis.*)

Toutas us profechious de foè
Ne manquorount pas de bien dire ;
Mâ ne iojusteiz pas trop foè
I me fasount crevâ de rire
Quand venount vous imbobioulâ
Béi toutâs us bellas proumessas,
I vennount vous sarrâ lo mo
Po vous trompâ le lendemo.   (*bis.*)

Avant de féire votre bull'tin
Examinaz votro couchienso
Vaou mieux mettre in paou pus loung timps
Que de counproumettre la Franço ;
Nommaz caouchu de probita
Sins trop charchâ a lo fourtuno,
Examinaz us timps passa
Vous chiréiz pas embarrassa.   (*bis.*)

Ouvrièrs de toutas las nachious,
Chi vous sabiaz mieux vous intindre
Countre tout'o caoux ambichioux
Vous pourriaz bien mieux vous defindre
Ne vous fiéz pas trop ous bigots
Que préichount, mâ, po us besaço
Gno que faount l'ous de religiou
Po mieux cachâ us ambichiou.   (*bis.*)

Di lous grouos et di lous petits,
Di lous nobléix di la peètraillo,
Léi gno de bous, méi d'ous cheitis ;
D'haounnèeteix et de la canaillo
Coumm'in vieux proverbe dit
Qu'éi l'habit que féi le moéne
Chaque pays et chaque état
An d'aou mounde de probita.   (*bis.*)

A mous Amis, un joû de fèeto.

(A mes Amis, un jour de fête.)

A LA GUINGUETTE.

Air connu.

Mous amis, faou nous omusâ ;
Z'ins bien travaillà la sinmano.
Buvan, mâ faou pas nous grisâ
Po nous fèire penchâ la bano ;
Quoè que dizount l'ous aristaoux
Que l'ous paysans devount pas beoure,
Quéi is que fant venî le vi,
Zount be le dréit de s'en servî.   (*bis.*)

Qu'éi le produit de l'ouvrier,
Quéi se que cultivo la vigno.
Le vi vè pas di le cellier
Coummo las beillas di na bigno.
L'ous vignorous int bien d'ous maoux
Avant qu'ou chio di lo bouteillo ;
Che gno que venount che bouchus
Qu'ei pas en fasant l'ous Mouchus.   (*bis.*)

Buvent, chantent, omusent-nous
Mâ faou pas nous mettre in ribotto ;
Che chacun fogio coummo nous
L'ouvrier cheo pas che borboto
Omusent nous haouneètoment
Sens fèire de touort a presounno,

Notrâs fennâs, notreix enfants
Ne zou léissant pas avir fan.   (*bis.*)

Ouvrièrs de toutos l'ous pays,
Che vous èras tous rosounnableix
Vous cheyas tourjou bous amis,
Vous cheyas tous bien pus éimabléix.
Che vous sabias mieux calculâ
Vous n'aouyas pas tant de miseras,
Vous passayâs in meilleur timps
Et vous cheyas tous pus countints.   (*bis.*)

L'ei bou de sabéi s'omusâ,
Pusque la vido éi in passage
Ne faou pas trop n'in mesusâ
Quo cheyo pas notre avantage.
Sachàn tourjou bien calculâ
A saous gains, guidâ sa déipenso
Faou pas mingeâ tout d'ous mouments,
A péi d'autreix, crevâ de fan.   (*bis.*)

Amis, vouleez-vous po countâ
Que de boun vi buvens chaoupino?
Mâ, intre nous, po n'en goùtâ
Foudrio be pinto touto plino.
Nous trinquarens tous de boun cœur,
Beillaou nous beourens pus tous ensembléix ;
Nous coumptarens, nous payarens
Chacun chiez nous, nous en irens.   (*bis.*)

Nous aourens mâ tous d'ou boun timps
Quand nous cherens di l'aoutre mounde,
Béi le boun Diou et tous saous saints.
Nous l'éi gn'irens, vous en réipounde,,
Gn'iouro pus tant d'ambichioux,
Chacun aouro son necessairo ;
Nous aourens tous l'égalita
Pendent touto l'éiternita.   (*bis.*)

Encusâ me tous, mous enfants,
Ché iou me séi méi en goguetto ;

Mous petits volount pas vir fan
Tant que iou séi à la guinguetto,
L'argent que iou zéi déipensa :
Z'oyo gagnà, ou m'appartenio,
Iou zéi chantà, iou zéi beü,
Zéi fait de touort imbéi deü.   (*bis*.)

Routino.

Air : **Piquo, Brayaou, Piqno.**

Pa passà notro vido,   (*bis*.)
Que l'en o d'embarras, tiladeriro
Que l'en o d'embarras, tiladera.

L'ous garçous, péi l'as fillas,
L'ous paoubreix, méi l'ous rechéix
Tout vaout se maridâ, tiladeriro
Tout vaout se maridâ, tiladera.

Par que y trouvâ féire,   (*bis*)
Ne l'ous countrariens pas, tiladeriro
Ne l'ous countrariens pas, tiladera.

Qu'éi lo loé de naturo, (*bis*)
Diou ne zou défend pas, tiladeriro
Diou ne zou défend pas, tiladera.

Mâ qua n'ei pas tout rosas :
In cueillissant las rosas,
In risquo de s'eipinâ, tiladeriro
In risquo de s'eipinâ, tiladera.

Vous aoutras jounas fillas
Que faseez l'as fretillas,
Foudro vous mouderâ, tiladeriro
Foudro vous moudera, tiladera.

Et vous gorçous voulagéix,
Foudro de vegnir sagéix,

Ou ne pas vous maridâ, tiladeriro
Ou ne pas vous maridâ, tiladera.

Pa se mettre in méinage,
Foudro devegnir sagéix
Et sabéi calculâ, tiladeriro
Et sabéi calculâ, tiladera.

D'ous jous d'ous maridage,
Pus de libartinage.
Adiou la libarta, tiladeriro
Adiou la libarta, tiladera.

Quand in o la famillo
Que tréino la guenillo,
Et que n'o re pa mingeâ, tiladeriro
Quo vous féi be ragia, tiladera.

Quous pauréix petits purount : (*bis*)
Coummo l'ous counsoulâ, tiladeriro
Coummo l'ous counsoulâ, tiladera.

Que de fennas bottudas, (*bis*)
Et que d'hommeix cournâs, tiladeriro
Et que d'hommeix cournâs, tiladera.

Coummo faou quo dounc fèire
Iou n'en sabe pas guèire
Féi coummo t'intindras, tiladeriro
Féi coummo t'intindras, tiladera.

Appel au Devèi. (Appel au Devoir).

CHANSON MORALE.

Air de toutes les complaintes.

—

Peuplé de touto la tearro,
Preitaz l'oureill' in moumint :
Changeaz dounc de sentimint,
Ne vous fazéiz pas la guiârro,
Tâchaz de vous réunir
Par in meilleur avenir.

Par que tant de maoudisanço,
De faoussas accusachious,
Chi vous eez de la couchienço
Ne publiéz pas l'ous pechas
D'ous aoutreix, po vous cachâ.

Pa moralisâ l'ous aoutreix,
Faou sègre son chami dréit
Sabéi jouvir de soous dréits
Sens grugeâ caouteix d'ous aoutreix.
Vous tous calomniateurs
Purifiaz dounc votréix cœurs.

Vous que n'aveez rien à féire,
Que seez tourjou de lezéi
Pa charchâ votreix plaseix,
Tâchaz de l'ous satisféire ;
Fasaz mieux votre devéi
Sens tant vous féire valéi.

Vous qu'aveez pillà la Franço
Que pensaz-vous devenir
Le boun Diou véi vous punir
Ch'ou faseez pas penitenço ;
Fasaz restituchiou
Que chacun ayo le chiou.

Vous que ne vouleez re fèire
Et vouleez vioure rentiers,
Vouleurs et banquoroutiers
Vous ne vous inquiètaz guèire
De caoux que vous èez rouéinas,
In deouyo vous éirenas.

Gno que fant l'ous bous apaoutreix,
Que parlount de religiou
Fasaz bien attenchiou,
Gno que sout piéix que l'ous aoutreix ;
Is fasount de grands pechas
Quand i podount l'ous cachâ.

La Graoulo et le Renâ. (Le Corbeau et le

(Traduction patoise de la Fable de La Fontaine).

L'aoutre d'ous jous, veguèi na graoulo
Oduchado soubre na gaoulo,
Lo z'oy in froumage o soun bè ;
Sabe pas ch'an la le pringuè
(Chay' Olbussou ou à Vallièro)
Mâ la n'in fosio bien la fièro
Méitre Renâ vinguè passâ.
Ou vouillo bien le i'amassâ,
Le chéiti gueux la regardavo
Et la linguo gn'en bretavo ;
O forço de fèire le guet
Counpèro Renâ le i'aguet.
Sabèez-vous coumm'ou s'y pringuet :
Ou l'y faguet la reverenço,
Tout coumm' à la réino de Franço,
Se mettet presque de jonouéix
Pa plèire béi quo beeau minouéix ;
Fèi simblant de l'y rendre hommage
Pa y filoutà soun froumage :
« Boun jou madam' ou demèisello
Ah ! moun Diou, que vous seez dounc bello
Qu'ou léi beaou votre habilloment
Vous in fase moun coumpliment,
Pa le chur che votre lingage
Ero che beeau que le plumage
Vous cheyas réino d'ous bocage. »
La graoulo, o quaou discours flatteur,
De joè sintet battre soun cœur ;
Pa fèire intindre son lingage
Lo doubrisset le bè, et, toumbet soun froumage ;
Méitre Renâ le ramassè,
En s'in anant ou l'i dissè :
« Merci mo coummèro la graoulo,
Iou me moque bien de ta raoubo,
Toun habilloment te vèi maou,
Te seez néiro coumm' in courpaou

Pa vir éicouta moun lingage
Qua te n'o coûta toun froumage.
Qu'éi na léiçou pa n'aoutre cop
Que pourro be te valéi quo. »

La graoulo s'in av'in gardiant de coûtà,
Las èro bien fachad' de lavir éicoutà.
La jurè que jamèi, tant que bottrio soun cœur,
La n'éicoutoyo pas quaous tréitréix de flatteurs.

N'éicouteix pas l'ous flatteurs,
Qu'éi mâ tous d'ous attrapeurs ;
Quand is fant la reverenço
Qu'éi mâ pa remplir u panso.

Déifiaz-vous de quaous que riount de las oureillas
Mous amis, criaz-me, qu'éi de maouvasas beillas.

— ⸰ —

Ma lyr' reste muette et ma muse s'endort
A défaut de savoir bien la mettre d'accord ;
Pour la faire vibrer l'instruction me manque,
Puis, il me manque encor quelques billets de banque.
Mais, j'espère pourtant que le sage lecteur
Voudra bien pardonner les fautes de l'auteur
Qui ne fut que sept mois à l'école, au village ;
Son application fit son apprentissage.
Tous ses plus grands regrets ; sa seule ambition,
C'est de ne pas avoir reçu d'instruction.
De revers accablé depuis sa tendre enfance,
Au travail assidu, voilà son existence.
Dès sa tâche accomplie, il se fait un plaisir
D'utiliser ainsi ses moments de loisir.

Ma Préface.

—

Un ouvrier, qu'un penchant poétique,
Depuis longtemps, incessamment poursuit,
Ose venir, de sa plume rustique,
Jusque chez vous en offrir le produit.
A mon aspect, les chagrins, la tristesse
Vont déserter pour toujours vos maisons,
D'heureux moments je vous fais la promesse,   } *bis.*
Venez en foule acheter mes chansons.

N'attendez pas, dans mon simple langage,
Qu'un art divin ait rangé tous les mots,
Car Béranger n'a point dans mon village
Laissé sa lyre aux branches des ormeaux.
Sachez, d'abord, que les chantiers de pierre
Sont le Lycée où j'ai pris mes leçons,
Et j'ai passé souvent la nuit entière,   } *bis.*
Sans fermer l'œil, à faire des chansons.

Ne croyez pas mes écrits trop sévères
Pour ce parti qui veut tout enchaîner,
Car, aujourd'hui, ces hommes mercenaires
Au droit divin voudrait nous ramener;
Ils sont jaloux, dans leur dur égoïsme,
Des libertés qu'encor nous possédons;
Vous qui pestez contre leur despotisme   } *bis.*
Venez, en foule, acheter mes chansons.

Mais étouffons tout esprit de discorde,
Chantons l'amour, la paix et le bon vin;
Grands et petits, que partout on s'accorde;
Trinquons, buvons, sablons ce jus divin.
Prêtez l'oreille à ma muse timide,
Vieillards, enfants, fillettes et garçons;
Si votre front à mes chants se déride,   } *bis.*
Vous gagnerez le prix de mes chansons.

Ma Profession de foi.

Air : **Cadet Roussel.**

Mes amis venez écouter
La chanson que je vais chanter,
Mais, n'allez pas vous tourmenter
La terre peut tous nous porter.
Jusqu'au bout de notre carrière
Les uns devant, d'autres derrière.
Faisons tout pour le bien
Et prenons le temps comme il vient.

Quand vous serez à travailler
Il ne s'agit pas de bâiller ;
A quoi sert de se chamailler,
Se disputer ou se railler.
Il faut travailler sans relâche,
Afin de bien remplir sa tâche.
Faisons tout pour le bien
Et prenons le temps comme il vient.

Laissez prêcher notre curé
Quand il a son bonnet carré,
S'il dit bien, je l'applaudirai,
S'il se fâche, moi j'en rirai.
Allez, s'il vous plait, à la messe,
Que celui qui veut se confesse.
Faisons tout pour le bien
Et prenons le temps comme il vient.

Pour honorer tous nos bons saints
Que les moines, les capucins,
Les prêtres et les sacristains
Chantent toujours soir et matin,
Puisque chanter c'est leur ouvrage,
A chanter je les encourage.
Faisons tout pour le bien
Et prenons le temps comme il vient.

Que catholiques, protestants,
Discutent, eux, tambour battant ;

Le juif et le mahométan
Pourront très-bien en faire autant.
Sans m'attacher à l'étiquette
Je crois ma religion parfaite.
Faisant tout pour le bien
Et prenant le temps comme il vient.

Le Progrès.

Air : **La Chasse aux pièces de cent sous.**

L'on parle de progrès dans le siècle où nous sommes.
En avant! mes amis, si nous sommes des hommes.
Ecoutons de Jésus la loi d'égalité;
Il faut réaliser cette fraternité :
L'amour est un devoir qui vient de la nature,
C'est un bienfait de Dieu, c'est une flamme pure
Si chacun de nous tous comprenait son devoir,
Pour le remplir alors, on aurait qu'à vouloir.

Pourquoi, grands et petits, être toujours en guerre :
Chacun en travaillant doit vivre sur la terre.
On n'aurait pas besoin d'accaparer de l'or,
Si l'on se comprenait, si l'on était d'accord.
Que l'on serait heureux, si chacun était sage!
Ce serait, croyez-moi, un bien grand avantage.
En faisant son devoir, toute l'humanité
Ne formerait alors qu'une société.

S'il fallait de l'argent, la chose en est certaine,
Il devrait circuler comme le sang aux veines
Depuis le plus petit jusqu'au plus en valeur;
Mais on ne devrait pas souffrir d'accapareurs.
Voyez l'eau s'élancer du faîte des montagnes,
Allant fertiliser nos riantes campagnes.
S'il en était privé, aux ardeurs de l'été,
Le sol serait réduit à la stérilité.

A l'exposition, de par toute la terre,
On va voir les travaux de l'humble prolétaire;

Les rois, les empereurs ne sont pas les derniers
A venir rendre hommage au génie ouvrier.
Grâce à lui, la vapeur fait mouvoir tout le monde
Et lui sert de coursier, sur la terre et sur l'onde ;
L'homme, comme l'oiseau, s'élève dans les airs
Et peut, sans se lasser, parcourir l'univers.

Ces superbes travaux, produits de l'industrie,
Celui qui les a faits, gagnait-il bien sa vie ?
Nous y voyons les noms des manufacturiers
Pourquoi n'y voit-on pas tous ceux des ouvriers ?
Des médailles d'honneur aux maîtres on distribue
Tandis que l'ouvrier regarde dans la rue.
Jugez, Messieurs, jugez sans partialité.
Celui qui les a faits n'a-t-il rien mérité ?

Les Rêves dorés.

Air : **Jenny l'ouvrière.**

—

Ils sont pour toi les vers que je compose :
Pardonne-moi d'avoir osé t'aimer.
Ah ! si parfois je parle d'autre chose,
Hélas ! c'est-toi que je voudrais nommer.
Qu'importe à moi le plus beau diadème,
Lorsque par toi mes chants sont inspirés ;
Pour t'adorer, je m'oublierais moi-même,
Ne détruis pas mes beaux rêves dorés.

Si tu voulais, toi, dont l'âme divine
A fait souvent battre mon pauvre cœur.
Je couvrirais ta bouche purpurine
D'un doux baiser qui ferait mon bonheur.
Ah ! qu'il est doux d'être aimé quand on aime !
Dans ces transports, nos sens sont égarés.
Tout éperdu, l'on s'oublierait soi-même,
Ainsi bercé de beaux rêves dorés.

Lorsque parfois je te vois dans un songe,
Quel doux plaisir en ce moment d'erreur.

A mon réveil, c'est un affreux mensonge
Qui, tout-à-coup, vient ravir mon bonheur.
Oui, près de toi, mon bonheur est extrème ;
Que nos deux cœurs ne soient plus séparés.
Soyons chacun la moitié de nous-mèmes,
Pour accomplir mes beaux rêves dorés.

A mon regard, si le tien se dérobe
J'admire alors ton visage charmant,
Et si ma main, touche en passant ta robe,
N'entends-tu pas soupirer ton amant.
Si je savais, dans ce moment suprême,
Que tes soupirs me fussent consacrés,
Je t'aimerais cent fois plus que moi-même.
Qu'ils seraient doux ces beaux rêves dorés !

Mon feu s'éteint.

Air : Castibelza,

Mes chers amis, le temps passe bien vite,
    Assurément ;
Mais l'on s'en va parfois au dernier gîte,
    Trop lentement.
Tout comme vous, j'étais jeune à votre âge.
    Il est certain ;
Et maintenant, pour moi, triste présage
    Mon feu s'éteint (*bis*.)

Le jeune enfant, dès qu'à peine il commence,
    A bégayer,
Sur les genoux de sa mère s'élance,
    Pour s'égayer
Sa mère alors, l'embrasse, le caresse,
    Soir et matin.
Son grand-papa se dit avec tristesse :
    Mon feu s'éteint (*bis*.)

Quinze à vingt ans ! Voyez ces jeunes filles,
    Ah ! quels beaux jours,

Dansant, chantant ; comme elles sont gentilles,
    Dieu ! les amours.
Bonne maman, marche avec sa béquille
    A petit train.
Où donc est-il son temps de jeune fille ?
    Son feu s'éteint (*bis*).

A dix-huit ans, alors, j'étais ingambe,
    Il m'en souvient ;
Il fallait voir si je levais la jambe,
    Comme il convient.
Mais à présent que j'ai la barbe grise,
    Cruel destin !
Voici l'hiver ; j'entends siffler la bise
    Mon feu s'éteint (*bis*).

Où sont allées Ninive, Babylone
    Thèbes aussi ?
Tous ces guerriers, ces fiers fils de Bellone,
    Ensevelis ?
Ces durs Césars sont réduits en poussière ;
    Soyons certains !
Que chacun est passager sur la terre,
    Tout feu s'éteint ! (*bis.*)

Les Vendanges.

Air : **Les Épouseux du Berry.**

—

Allons, bons
    Bourguignons,
Voici la vendange ;
De Nolay jusqu'à Semur
Les raisins sont mûrs.
    Travaillons,
    Pressurons,
Sans aucun mélange,
Pour remplir de vin nouveau
Caves et tonneaux.

— Ohé! ohé!
Et chaque soir on s'amuse
A danser le rigodon,
   Ohé! ohé!
Au son de la cornemuse,
Au doux son du violon.
   Ah! ah! ah! ah! (*bis*.)
   Et tour à tour
Les garçons et les fillettes
S'en vont en cachette,
Deux à deux, faire l'amour.
   Ah! ah! ah! ah!
Garçons et fillettes
Profitez des beaux jours
Cà n' durera pas toujours
   Tra la la la, etc.

   De Bacchus,
   De Vénus,
Chantons la louange;
Que la foule des amours
Nous suive toujours.
   Sous l'ormeau,
   Du hameau,
Par un libre échange,
L'un ne peut pas refuser
A l'autre un baiser
   — Ohé! ohé!
Ne trompez pas vos maîtresses,
Jeunes garçons séducteurs,
   Ohé! ohé!
N'oubliez pas vos promesses
S'il arrive du malheur.
   Ah! ah! ah! ah! (*bis*.)
Profitez du temps,
Jeunes garçons et fillettes,
Allez jouer sur l'herbette
Mais soyez toujours constants.
   Ah! ah! ah! ah!
Garçons et fillettes,
Pour avoir de beaux jours,

Il faudrait s'aimer toujours
Tra la la la, etc.

Mes amis,
Je suis gris,
Remplissez mon verre ;
Car je veux, le verre en main,
Boire jusqu'au lendemain
De ce vin,
Jus divin,
Que chacun révère.
A la santé des amours
Buvons donc toujours.
— Ohé ! ohé !
Que le Beaune ou le Chassagne
Egaye tous nos loisirs.
Ohé ! ohé !
Le Bourgogne, le Champagne
Satisfassent nos désirs
Ah ! ah ! ah ! ah ! (*bis*.)
Et tour à tour
Chantons la faridondaine.
Ma bouteille est pleine,
Amusons-nous jusqu'au jour
Ah ! ah ! ah ! ah !
La faridondaine,
Viv' Bacchus et l'amour.
Amusons-nous jusqu'au jour
Tra la la la, etc.

Les Ouvriers d' la Creuse.

Air : **Pour rigoler, montons à la barrière.**

L'on a fait des chansons
De toutes les manières
Des filles, des garçons,
Des guerriers, des bergères.

Pour ne pas répéter
Une chose ennuyeuse,
Moi, je vais vous chanter
Les ouvriers d' la Creuse.

Dès que vient le printemps,
Ils quittent leur chaumière,
Adieu ! amis, parents,
Enfants, pères et mères.
C'est un grand désespoir
Pour la femm' vertueuse
Qui va dire au revoir,
Aux ouvriers d' la Creuse.

Les voilà donc partis,
Pour faire leur campagne :
Ils s'en vont à Paris,
En Bourgogne en Champagne ;
D'autres s'en vont ailleurs.
Ils ont la main calleuse,
Ce sont des travailleurs,
Les ouvriers d' la Creuse.

Aussitôt arrivés,
S'ils trouvent de l'ouvrage,
Les voilà occupés
Avec un grand courage ;
Sans trop s'épouvanter,
D'un' vie laborieuse,
On devrait respecter
Les ouvriers d' la Creuse.

Tout's ces constructions,
Dans les villes de guerre,
Ces forts, ces bastions
Qui bordent nos frontières,
Tous ces vieux châteaux,
A mine audacieuse,
Partout sont les travaux,
Des ouvriers d' la Creuse.

Voyez le Panthéon,
Voyez les Tuileries,
Le Louvre, l'Odéon,
Le Palais d' l'Industrie.
De ces beaux monuments
La France est orgueilleuse,
Et doit ces agréments,
Aux ouvriers d' la Creuse.

Les travaux vont finir :
En novembre et décembre
On les voit s' réunir,
Pour revenir ensemble.
Voyez tous ces enfants
La figure joyeuse,
Ils vont chez leurs parents,
Au pays de la Creuse.

Enfin, pendant l'hiver,
C'est leurs belles journées,
Ils vont se promener
Pour voir leurs bien-aimées.
Dans la triste saison
Les filles sont heureuses,
Ils sont dans leur maison,
Les garçons de la Creuse.

L'auteur de la chanson,
Ce n'est pas un poète;
C'est un simple maçon
Buvant sa chopinette.
Toujours gai, bien content,
Trouvant sa vie heureuse,
Il se vante, en chantant,
D'être ouvrier d' la Creuse.

Guéret, imp. se Betoulle.

www.ingramcontent.com/pod-product-compliance
Lightning Source LLC
LaVergne TN
LVHW020637180726
843502LV00006B/2090